Günstig kochen für Genießer

Genießer sind hier richtig!

Die Rezepte sind, wenn nicht anders angegeben, für zwei Personen berechnet.

★ ☆ ☆ Laie

★ ★ ☆ Anfänger

★ ★ ★ Hobbykoch

Genuss
auf
Vorrat

Alles hat seine Zeit. Auch der Genuss.

Erdbeeren im Jänner, Spargel im Februar, Tomaten im Dezember ... Brauchen wir das wirklich?

Es nicht nur die Importware aus aller Herren Länder, die hübsch drapiert in den Körbchen und Kisten zum Kauf verlockt. Auch die heimische Landwirtschaft produziert inzwischen vieles das ganze Jahr über in vermeintlich gleichbleibender Qualität.

Das hat nicht nur seinen (hohen) Preis. Es führt leider auch dazu, dass wir uns an gleichbleibend durchschnittlichen Geschmack gewöhnen. Ist das nicht schade?

Wünschen: ein Zustand passiver Zufriedenheit

Nicht immer alles oder alles sofort zu bekommen, ist nur ein vermeintlicher Verzicht. Mit dem Warten entsteht Vorfreude, die mit unvergleichlichen Geschmackserlebnissen belohnt wird. Denken Sie nur an die ersten jungen Erdäpfel in der Saison, an knackige Kirschen direkt vom Baum oder frisch geernteten Salat. Mmmhm!

Damit geht die Wertschätzung für die Arbeit unserer Landwirte einher, die uns mit solch wunderbaren Köstlichkeiten versorgen. Die Vielfalt und Qualität, mit der wir in unserer Heimat gesegnet sind, ist für mich immer wieder ein Grund, demütig und dankbar zu sein, hier zu leben.

Alles zu seiner Zeit

Die Dynamik von Sehnsucht und Freude ist übrigens auch all jenen vertraut, die sich – aus welchen Gründen immer – mit dem Thema Fasten auseinandersetzen. Mitnichten müssen es religiöse Rituale sein, auch Bräuche und Traditionen sorgen dafür, dass das Nicht-Alltägliche etwas Erhabenes ist. Die ersten Weihnachtskekse im Advent, flaumige Krapfen im Fasching, der feine Striezel zu Ostern … Wer warten kann, wird mit höchstem Genuss belohnt.

Nur Mut! Vor allem zur Lücke.

Da auch in meiner Küche nicht immer alle Originalzutaten zur Hand sind, improvisiere ich häufig. Auf diese Weise entstand sogar schon das eine oder andere Lieblingsrezept (das Rucola-Pesto von Seite 44 zum Beispiel, denn „irgendjemand" hatte meine Basilikumpflanze leer gezupft).

Zugegeben, nicht jeder Versuch glückt, aber mit der Zeit bekommt man ein Gefühl dafür, welche

Lebensmittel zueinander passen. Und mit ein wenig Experimentierfreude kann man vor allem Nudelgerichte, Suppen und Salate bzw. Bowls immer wieder neu zusammenstellen.

Keine Kichererbsen? Kein Problem!

Hummus entsteht bei mir aus allerlei Hülsenfrüchten: Erbsen, weißen Bohnen, Käferbohnen – was immer sich im Vorratsschrank oder Tiefkühler findet, wird aufgemixt, mit orientalischen Gewürzen (Kreuzkümmel, Ras el Hanout, Chili, ...), Olivenöl, Salz und Kräutern (Minze, Basilikum) verfeinert. Schmeckt besser als jedes Fertigprodukt und ist viel günstiger!

Jeder Zeit ihre Genussmomente

Die kulinarisch schönste Jahreszeit ist für mich der Sommer, wenn es sowohl Früchte als auch Gemüse im Überfluss gibt. Der Weg zum Direktvermarkter oder Bauernmarkt lohnt sich besonders, wenn man größere Mengen mitnimmt.

Aus (günstigen, vollreifen) Paradeisern mache ich eine herrliche Sauce: Bodenbedeckt Wasser in einen Topf, Salz und die herrlich reifen Tomaten. Aufkochen, (wenn vorhanden) Basilikum und/oder Rosmarin dazu und bei niedriger Hitze weichgaren. Durch die Flotte Lotte (= Passiermühle) drehen und portionsweise in Gläser abfüllen. Im Backrohr sterilisiert halten die Gläser bis in den Winter.

Meine Mama hat daraus immer ihre heißgeliebte Tomatensuppe gemacht: Eine leichte Einbrenn aus 1 EL Butter und 1 gehäuftem EL Mehl zubereiten, die Paradeisersauce zunächst löffelweise mit dem Schneebesen einrühren, damit keine Klümpchen entstehen. Mit Salz, Pfeffer sowie etwas Zucker würzen und mit gekochten Nudeln servieren. Dieses Lieblingsessen ist schon ein Klassiker in dritter Generation.

Sommer im Glas

Besonders freue ich mich, wenn ich kostenlose (!) Schätze aus der Natur verwerten kann: Schwammerl (leider viel zu selten!), Beeren oder Wildkräuter.

Aus Blütenknospen von Bärlauch oder Löwenzahn werden „falsche" Kapern: In Essigsud eingelegt, entstehen nach etwa 3 Wochen wahre Delikatessen, die super zu einer Jause passen oder einer Pastasauce eine pikante Note verleihen.

Kleine wie große Mengen Beeren koche ich zu Marmelade ein. Pur oder mit anderen Früchten gemischt entstehen immer wieder neue Kreationen.

Die Quittenernte in meinem Garten ist manchmal nicht zu bewältigen. Dann stelle ich die Früchte vors Haus – zur freien Entnahme. Natürlich erst, nachdem ich meinen Anteil zu Weihnachtsgeschenken (Quittenmarmelade und -likör) verarbeitet habe.

Tee zieht immer

Wenn es draußen heiß ist, entwickeln auch die Kräuter ihr bestes Aroma. Ich schneide große Büschel ab und trockne sie. Die Pflanzen sind für den Rückschnitt dankbar und treiben meistens sogar noch einmal aus.

Abgerebelt, pur oder gemischt fülle ich Gläser für meinen Haustee und freue mich jedes Mal, wenn ich die teuren Kräutertee-Packungen im Laden stehen lassen kann. In meine bunten Mischungen kommen Minze, Salbei, Zitronenverbene, Melisse, Rosenblüten, Thymian bzw. Quendel und getrocknete Blüten (Rosen, Ringelblume, Kräuterblüten) – je nachdem, was ich in meinen Kräutertöpfen bzw. beim Wildkräutersammeln so finde.

für Feinschmecker

★ ☆ ☆ Laie

SELLERIE AUS DEM OFEN

1 Sellerieknolle
2–3 EL Olivenöl
Salz, grobes Meersalz

für den Joghurtdip:
¼ l Naturjoghurt
1 EL Olivenöl
½ Bio-Zitrone
1 Handvoll Minze
Salz, Kreuzkümmel, Chilipulver

Den Sellerie waschen, unten flach abschneiden und auf ein mit Backpapier belegtes Blech stellen. Mit etwas Olivenöl und Salz einreiben und im vorgeheizten Backrohr bei 200 °C etwa 3 Stunden backen.

Für den Dip die Minze heiß abspülen, abtrocknen und fein hacken. (Das Erwärmen der Blätter setzt die ätherischen Öle frei, dadurch entfaltet sich das Aroma schneller.) Joghurt mit der abgeriebenen Schale der Zitrone, 1 EL Zitronensaft, Olivenöl, ½ TL Salz und 1–2 TL Kreuzkümmel verrühren. Mit der Minze und - wenn gewünscht - Chilipulver vermischen.

Sellerie aus dem Ofen nehmen, schneiden, mit Olivenöl und grobem Meersalz bestreuen.

Ich serviere diese tolle Knolle gerne als Vorspeise oder Beilage zu gegrilltem oder gebratenem Fleisch. Mit Ajvar (einer Würzpaste aus Paprika und Auberginen) wird's noch pikanter. Kartoffel-Wedges dazu und schon haben Sie ein (vegetarisches) Hauptgericht.

★ ☆ ☆ Laie

LEINÖLERDÄPFEL

für 4 Personen

1 ½ kg speckige Erdäpfel
200 ml Milch
150 ml Schlagobers
Salz, Pfeffer
2 EL Leinöl
1 Bund Schnittlauch
1 EL Leinsamen, geschrotet

Erdäpfel in der Schale kochen (ca. 30 Minuten), schälen und grobblättrig schneiden. Milch und Obers in einem Topf erwärmen, mit den Erdäpfeln vermischen. Mit Salz und Pfeffer würzen. Mit Leinöl, gehacktem Schnittlauch und Leinsamen anrichten.

Im oberösterreichischen Mühlviertel isst man die Leinölerdäpfel als Hauptspeise, dazu gibt's grünen Salat. Als Beilage passen sie zu deftigen Gerichten wie Blunze oder Leberschädel oder zu Gegrilltem.

Das Leinöl ist leider keine günstige Zutat, jedoch besonders wertvoll, weil es ungewöhnlich viele ungesättigte Fettsäuren (v. a. Omega 3) enthält. Der Tagesbedarf ist bereits mit 1 TL gedeckt. Das spezielle nussige Aroma entfaltet sich bereits bei sparsamem Einsatz und man hat länger etwas von einem kleinen Fläschchen. Es verdirbt schnell, deshalb sollten Sie es unbedingt im Kühlschrank lagern.

★ ☆ ☆ Laie

RAHMSUPPE

¾ l Wasser (oder Selchsuppe)
1 TL Kümmel (im Ganzen)
¼ l Sauerrahm
2 EL Mehl
Salz
2 Scheiben Schwarzbrot
Schnittlauch, gehackt

Schwarzbrot in Würfel schneiden und im Toaster oder in der Pfanne anrösten.

Wasser oder Selchsuppe mit Kümmel aufkochen. Den Sauerrahm mit Mehl verquirlen und in die kochende Flüssigkeit einrühren. Mit Salz abschmecken.

Die Suppe mit Brotwürfeln und gehacktem Schnittlauch servieren.

Wenn die Suppe mehr als eine Vorspeise sein soll, servieren Sie diese mit gekochten Erdäpfeln oder Grießknödeln.

Einmal kochen. Vier Mal essen.

Wenn am Wochenende ein Geselchtes auf dem Speisezettel steht, seien Sie beim Einkauf großzügig. So können Sie ganz einfach – und vor allem günstig! – aus einem köstlichen Gericht gleich mehrere zubereiten.

Aus der Selchsuppe wird eine g'schmackige Rahmsuppe. Aus den Fleischresten kochen Sie köstliche Schinkennudeln – und falls davon noch was übrigbleibt, gibt's einen wunderbaren Nudelsalat. Und so einfach geht's:

Das Geselchte (Teilsames oder Selchroller) in kochendem Wasser mit einem Lorbeerblatt und ein paar Wacholderbeeren 1 bis 1 ½ Stunden leicht wallend kochen, aus der Suppe nehmen, in Scheiben schneiden und mit Erdäpfelpüree oder Grießknödeln servieren. Ein Rote Rüben- oder Gurkensalat dazu – herrlich!

Für die Schinkennudeln 200–300 g Fleisch sowie eine Zwiebel würfelig schneiden und in 1 EL Butter anlaufen lassen. 250 g Nudeln (Hörnchen oder Fleckerl) bissfest kochen und alles gemeinsam in die Pfanne geben, salzen, pfeffern und etwas anrösten. Mit gehackter Petersilie bestreuen.

Für den Nudelsalat 200 g Nudeln und 200 g (Tiefkühl-)Erbsen kochen, auskühlen lassen und mit 150 g würfelig geschnittenem Selchfleisch sowie ⅛ l Sauerrahm vermischen, salzen, pfeffern. Guten Appetit!

★ ★ ★ Hobbykoch

WINTERLICHER SALAT MIT BLUNZE

1 Radicchio
2 Handvoll Vogerlsalat, Portulak oder Spinat
200–300 g Blutwurst zum Braten
100 g Feta
½ Apfel
je 1 EL Sonnenblumen- und Kürbiskerne
Thymian, Salz, Pfeffer, Olivenöl

<u>für die Marinade:</u>
4 EL Olivenöl
2 EL Weinessig
1 TL Senf
1 TL Zucker oder Honig
Salz, Pfeffer

Die Blunze in Scheiben schneiden und auf ein mit Backpapier belegtes Blech legen. Mit kleinen Stückchen Feta toppen, salzen, pfeffern und mit Thymianblättern bestreuen. Im vorgeheizten Backrohr bei 220 °C Ober- und Unterhitze 4-6 Minuten braten, ggf. die Grillfunktion dazuschalten. Der Feta soll etwas Farbe nehmen.

In der Zwischenzeit den Apfel vom Kerngehäuse trennen, in dünne Scheiben schneiden und in 1 EL Olivenöl anbraten. Aus der Pfanne nehmen und im verbliebenen Öl die Sonnenblumen- und Kürbiskerne leicht bräunen.

Die Salate waschen und in mundgerechte Stücke teilen. Die Zutaten der Marinade verquirlen und mit dem Salat vermischen. Den Salat auf flachen Tellern anrichten, die Blunzenscheiben daraufsetzen, Apfelspalten und Kerne darüber streuen und ggf. noch mit etwas Olivenöl beträufeln.

★★☆ Anfänger

ROLLGERSTL-SUPPE

4 Portionen

150 g Rollgerste (Graupen)
2–3 Karotten
¼ Sellerieknolle
1 Petersilienwurzel
1 Zwiebel
150 g Kaiserfleisch (oder Geselchtes)
50 g Speckwürfel
1 Dose Bohnen (400 g)
2 El Schweineschmalz oder Pflanzenöl
1 ½ l Rindsuppe oder Wasser
Salz, Pfeffer
1 Bund Petersilie

Die Rollgerste über Nacht in kaltem Wasser einweichen, am nächsten Tag abseihen und kalt abspülen. Zwiebel, Karotten, Sellerie und Petersilienwurzel klein schneiden. Die Bohnen abseihen und mit kaltem Wasser abspülen.

Den Speck mit dem Gemüse im Fett glasig anlaufen lassen. Die Rollgerste dazugeben, mit Suppe aufgießen, salzen, pfeffern und kochen lassen, bis das Getreide fast weich ist. Das dauert ca. 25 Minuten.

Das Selchfleisch würfelig schneiden. Sowohl Petersilienstängel als auch -kraut fein hacken. Fleisch, Bohnen und Petersilienstängel zur Suppe geben und weitere 5 Minuten kochen. Das gehackte Petersilienkraut zum Schluss in die Suppe rühren und noch ein paar Minuten ziehen lassen.

für Hungrige

★ ☆ ☆ Laie

BAKED FETA GEMÜSE-PASTA

200 g Pasta (Penne, Fusilli o. Ä.)
150 g Champignons
1–2 Zucchini
150 g Paradeiser
150 g Feta
1 EL frische Kräuter (Petersilie, Thymian, Oregano)
1 EL Olivenöl für die Form
Salz, Pfeffer
2 EL Olivenöl zum Anrichten

Das Gemüse in etwa gleich große Teile schneiden: kleine Paradeiser halbieren, Champignons je nach Größe vierteln oder achteln, Zucchini halbieren und in ½ cm breite Scheiben schneiden. Alles mit gehackten oder gerebelten Kräutern vermischen, salzen und pfeffern.

Auflaufform mit Öl bestreichen und das Gemüse darin verteilen. In die Mitte den Feta setzen und im vorgeheizten Backrohr bei 220 °C Ober- und Unterhitze ca. 20-30 Minuten backen. In der Zwischenzeit die Pasta al dente kochen und abgießen.

Sobald die Feta-Gemüse-Mischung fertig ist, den Käse mit einer Gabel zerdrücken, alles vermischen und die Nudeln unterheben. Mit Olivenöl beträufeln, mit Salz und Pfeffer abschmecken.

★ ★ ☆ Anfänger

EIERNOCKERL

250 g Mehl
je 100 ml Milch und Wasser
1 Ei
½ TL Salz

für die Eiermasse:
4 Eier
1 EL Butter
ein Schuss Milch oder Schlagobers
Salz, Pfeffer
Schnittlauch

Mehl, Milch, Wasser, Ei und Salz miteinander verrühren. Ist der Teig zu flüssig, noch etwas Mehl dazugeben. Ist er zu fest, noch etwas Wasser.

In einem großen Topf Wasser mit 1 EL Salz zum Kochen bringen. Eine Nockerlreibe bzw. ein Spätzlesieb auf den Topf setzen und den Teig flott durchdrücken. Die Temperatur etwas zurücknehmen, denn das Wasser sollte nicht sprudeln, sondern nur sanft köcheln. Sobald die Nockerl an die Oberfläche steigen, abgießen und mit kaltem Wasser abschrecken.

Eier mit Milch, Salz und Pfeffer verquirlen. Die Butter in einer großen Pfanne erhitzen und die Nockerl darin kräftig anbraten. Die Temperatur zurücknehmen und etwas warten, bis Pfanne und Nockerl nicht mehr so heiß sind. Erst jetzt die Eiermasse gleichmäßig über die Nockerl gießen und flott umrühren. Die Eier sollten nicht gleich stocken, sondern cremig bleiben (wie bei einer Eierspeise). Mit viel Schnittlauch und grünem Salat servieren.

★ ★ ☆ Anfänger

ROTE RÜBEN-RISOTTO MIT GORGONZOLA-CREME

1 Schalotte (oder kleine Zwiebel)
2 EL Olivenöl
200 g Arborio-Reis (oder anderen Risotto-Reis)
4 cl Weißwein
ca. ½ l Gemüsesuppe
1 EL Butter
1 EL geriebener Parmesan
200 g gekochte Rote Rüben
50 g Gorgonzola (bzw. weicher Schimmelkäse)
2 EL Schlagobers
1 EL Mandelblättchen
Salz, Pfeffer

Fein gehackte Schalotte in Olivenöl anschwitzen, den Reis hinzufügen, salzen und glasig rösten. Mit Wein ablöschen, kräftig rühren und stetig mit heißer Suppe aufgießen. Je nach Reissorte dauert es 16–20 Minuten, bis der Reis al dente ist.

Mandelblättchen in etwas Olivenöl vorsichtig anrösten und zur Seite stellen. Den Gorgonzola bei niedriger Temperatur im Schlagobers auflösen.

Gekochte Rote Rüben mit etwas Wasser oder Suppe fein pürieren, salzen und pfeffern. Erwärmen und gegen Ende der Kochzeit ins Risotto einrühren. Risotto mit Butter und Parmesan verfeinern und auf flachen Tellern anrichten. Gorgonzola-Creme und Mandeln darauf verteilen.

★ ★ ☆ Anfänger

SPAGHETTINI AL POMODORO MIT BURRATA

250 g Spaghettini
300 g Kirschparadeiser
2 EL Olivenöl
3 Knoblauchzehen
½ Bund Basilikum
Salz, Pfeffer
½ Kugel Burrata oder Büffelmozzarella
1 EL Olivenöl

Die Basilikumblätter abzupfen, grob hacken und die Knoblauchzehen schälen. In einer tiefen Pfanne Basilikumstängel und Knoblauch bei geringer Hitze 2–3 Minuten im Olivenöl anbraten und wieder herausnehmen. Die Paradeiser ins aromatisierte Öl geben, salzen und pfeffern. Bei mittlerer Hitze schmoren. Sobald sie weich sind, etwas zerdrücken. Je nach Gusto können Sie den weichen Knoblauch hacken und dazugeben.

Die Nudeln 1 Minute kürzer als auf der Packung beschrieben kochen, mit einer Schöpfkelle direkt aus dem Topf in die Sauce geben und darin weiter garen, bis sie al dente sind. Das Basilikum daruntermischen und die Pasta auf tiefen Tellern anrichten. Mozzarella in Stücke reißen, auf der Pasta verteilen, salzen, pfeffern und mit etwas Olivenöl beträufeln.

Pomo d'oro: was für ein Goldstück!

Spaghetti mit Tomatensauce ... mmmhm! Eines der günstigsten, für viele gleichzeitig eines der besten Gerichte der italienischen Küche. Einfach und schnell gemacht, können Sie damit Groß und (vor allem!) Klein begeistern.

Aber: Je simpler eine Pastasauce ist, desto mehr kommt es auf gute Grundprodukte an. Das Geheimnis liegt natürlich in den Paradeisern selbst, die im Sommer, wenn sie vollreif sind, am besten schmecken.

Kosten Sie immer eine Frucht, bevor Sie mit der Sauce anfangen. Sind die Paradeiser nicht süß genug, helfen Sie mit einem Teelöffel Zucker nach. Oder Sie geben Knoblauch dazu, der sorgt ebenfalls für Süße.

Fehlt es an Aroma, ergänzen Sie die Sauce mit 1–2 EL Tomatenmark. Mangelt es an Säure, helfen etwas Zitronensaft oder ein Spritzer Aceto balsamico. Wichtig ist auch, dass Sie die Paradeiser gleich zu Beginn der Zubereitung salzen, denn es dauert eine Weile, bis sich durch die Salzzugabe der herrliche Geschmack entfaltet.

Burrata oder Mozzarella

Inzwischen sind beide Zutaten fast schon in jedem Supermarkt erhältlich und nicht teurer als ein Schaf- oder Ziegenkäse, den Sie selbstverständlich auch für dieses Gericht verwenden können.

Aber wenn schon Mozzarella, dann gönnen Sie sich bitte unbedingt den nur geringfügig teureren Büffelmozzarella oder eine Burrata. Letztere ist innen mit Panna (Obers) und Mozzarellastückchen, der sogenannten „Stracciatella di bufala", gefüllt. Dadurch schmeckt sie üppiger und Sie können bei der Menge sparen.

★ ★ ★ Hobbykoch

LINSEN-DAL MIT KARFIOL UND FISOLEN

4 Portionen

200 g rote oder gelbe Linsen
je 1 TL Kurkuma und Garam Masala
1 ½ TL Salz
½ Karfiol
100 g Fisolen
2 Erdäpfel
½ Bund Koriander

für die Würzpaste:
1 Zwiebel
3 cm Ingwer, geschält
1 kleine Chilischote
2 EL Rapsöl
1 TL Kreuzkümmelsamen
100 g Dosentomaten (Pelati), gehackt
½ TL Rohrzucker

Die Linsen gründlich waschen und lt. Packungsangabe in gesalzenem Wasser mit Kurkuma und Garam Masala kochen.

Koriandersamen in Öl etwas ½ Minute anbraten, fein gehackte Chili sowie geriebenen Ingwer dazugeben und bei mittlerer Hitze 1 Minute anrösten. Klein gewürfelte Zwiebel untermengen und weitere 5 Minuten anbraten, danach Tomaten und Zucker dazugeben und 5 Minuten auf kleiner Hitze schmoren.

Erdäpfel schälen. Bei den Fisolen den Stielansatz abschneiden, den Karfiol waschen und teilen. Das Gemüse in mundgerechte Stücke schneiden und 8–10 Minuten in Salzwasser bissfest kochen.

Linsen abgießen und alle Zutaten sowie gehackten Koriander miteinander vermischen. Mit Kurkuma und Garam Masala abschmecken.

★ ☆ ☆ Laie

PASTA MIT RUCOLA-PESTO

250 g Spaghetti
200 g Kirschparadeiser an der Rispe
Salz

<u>für das Pesto:</u>
3 Handvoll Rucola
½ Bund Petersilie
100 g Wal- oder Haselnüsse
50 g Parmesan, gehobelt
2–3 dl Olivenöl
½ Bio-Zitrone
Salz und Pfeffer

Die Paradeiser mitsamt der Rispe waschen, auf ein mit Backpapier belegtes Blech geben und salzen. Im vorgeheizten Backrohr bei 200 °C Ober- und Unterhitze etwa 20 Minuten backen.

Rucola und Petersilie grob hacken, zusammen mit dem Öl, den Nüssen, dem Saft sowie der abgeriebenen Schale der Zitrone und den Gewürzen im Standmixer pürieren. Wenn das Pesto zu dickflüssig ist, noch etwas Öl hinzufügen.

Die Pasta al dente kochen und beim Abgießen etwas Kochwasser auffangen. Die Nudeln zurück in den Topf geben, die gewünschte Menge Pesto und etwas Kochwasser hinzufügen und vermischen.

In tiefen Tellern anrichten, die Paradeiser daraufsetzen und je nach Gusto mit etwas Olivenöl und grob gehobeltem Parmesan toppen.

Übrig gebliebenes Pesto in einem Schraubglas im Kühlschrank aufheben.

für Fleischtiger

★ ★ ☆ Anfänger

TAN TAN MIT CHILI-MAYONNAISE

300 g gemischtes Faschiertes
2 Knoblauchzehen, fein gehackt
½ EL Ingwer, gerieben
1 Zwiebel, fein gehackt
1 TL Rapsöl
1 EL Zitronensaft
½ TL Zucker
1 ½ EL Sojasauce
½ EL Sesamöl
2 EL Chilimayonnaise
Jungzwiebel oder Schnittlauch
Salatblätter zum Anrichten

Zwiebel, Knoblauch und Ingwer in Öl glasig dünsten. Das Faschierte, Ingwer und Zucker dazugeben und kräftig anbraten. Mit Sojasauce und Zitronensaft ablöschen, mit Sesamöl würzen.

Salatblätter waschen und schleudern. Das Grüne vom Jungzwiebel oder den Schnittlauch fein schneiden. Wenn Sie keine Chilimayonnaise haben, dann einfach in herkömmliche Mayonnaise etwas Chilisauce einrühren - fertig!

Das Fleisch in die Salatblätter füllen, mit Chilimayonnaise garnieren und mit Jungzwiebel bzw. Schnittlauch bestreuen. Wenn Sie auch noch etwas gerösteten Sesam zur Hand haben - wunderbar!

Mit der Hand das Salatblatt zu einer Rolle formen und genießen!

★★☆ Anfänger

ZITRONENHENDERL MIT ROSMARIN

6 Hendlhaxerl oder 2 Hendlkeulen (ca. 400–500 g)
2 Bio-Zitronen
2 EL Olivenöl
1 TL Honig
1 TL Salz
2 Zweige Rosmarin

Die Schale einer Zitrone reiben und den Saft auspressen. Beides mit 1 TL Salz, Olivenöl und Honig vermischen und die Haxerl damit ½ Stunde marinieren.

Die zweite Zitrone in Scheiben schneiden und mit den Rosmarinzweigen (oder 1 EL getrocknetem Rosmarin) in eine Kasserolle oder Auflaufform legen. Die Haxerl darauf platzieren, die Marinade darüber verteilen und im vorgeheizten Backrohr bei 200 °C etwa 30 Minuten braten. (Hühnerkeulen im Ganzen brauchen ca. 15 Minuten länger, bis sie gar sind.)

Wenn die Hendlteile zu wenig Farbe haben, schalten Sie zum Schluss für 3 Minuten den Grill dazu, dann wird die Haut der Haxerl schön knusprig.

Als Beilage eignen sich Kartoffeln, die Sie 20 Minuten (in der Schale) vorkochen und etwa 20 Minuten mit den Hendlhaxerln mitbacken bzw. -grillen, sodass alles gemeinsam fertig wird.

★ ★ ☆ Anfänger

ASIATISCHER SCHWEINSBRATEN MIT ZWIEBELSALAT

4 Portionen

1–1 ½ kg Schweinsschulter

<u>für die Marinade:</u>
3 Knoblauchzehen, gepresst
4–5 cm Ingwer, geschält
je ½ TL Salz und Chilipulver
1 TL 5-Gewürz-Pulver
1 EL Sesamöl (ersatzweise Rapsöl)
1 TL Reisessig (ersatzweise Weinessig)
1 Messerspitze Zimt
1 EL süße Sojasauce oder 1 TL Honig

<u>für den Zwiebelsalat:</u>
2 Bund Jungzwiebeln
2 TL Zucker
1 TL Salz
4–5 EL Reisessig

Die Schwarte der Schweinsschulter beim Fleischhauer einschneiden lassen. Das Fleisch waschen und abtupfen. Die Zutaten der Marinade vermischen und das Fleisch damit gut einreiben. Das Fleisch in eine Schüssel geben und so dicht wie möglich mit Folie abdecken, sodass die Gewürze gut ins Fleisch einziehen. 24 Stunden (oder über Nacht) einkühlen.

Das Fleisch in einen Bräter setzen und knapp 1 cm hoch Wasser einfüllen. Im vorgeheizten Backrohr bei 150 °C Ober- und Unterhitze etwa 3 Stunden braten. Zweimal wenden und zum Schluss noch einmal so lange grillen, bis die Krusperl aufplatzen. Den Braten aus dem Rohr nehmen, eventuell noch einmal mit süßer Sojasauce oder flüssigem Honig bestreichen, locker mit Alufolie bedecken und 15-20 Minuten rasten lassen.

Die Jungzwiebeln in 8-10 cm lange Stücke schneiden und diese der Länge nach vierteln oder sechsteln. In eine Schüssel geben, salzen, zuckern und den Essig darüber verteilen. 10 Minuten ziehen lassen. Die grünen Enden der Zwiebeln in Ringe schneiden und mit dem restlichen Salat vermischen.

★ ★ ★ Hobbykoch

KRAUTWICKLER

4 Portionen

1 Kopf Kohl (Wirsing)
1 TL Kümmel
600 g gemischtes Faschiertes
1 altbackene Semmel, gewürfelt
1 Ei
1 Zwiebel, fein gehackt
1 EL Butter
2 Knoblauchzehen, gepresst
2 EL Petersilie, gehackt
Salz, Pfeffer, Majoran
1 TL Paradeisermark
1 TL süßes Paprikapulver
¼ l Sauerrahm

Den Strunk von einem Kopf Wirsing oder Weißkraut kreuzweise einschneiden. Einen großen Topf mit Salzwasser und Kümmel zum Kochen bringen, das Kraut einlegen und so lange kochen, bis sich die äußeren Blätter lösen. Kraut mit kaltem Wasser abschrecken, 8 große Blätter lösen und auf einem Küchentuch auskühlen lassen. Den restlichen Kohl in Streifen schneiden.

Semmel in Wasser einweichen. Zwiebel in Butter glasig anrösten, Knoblauch sowie Petersilie hinzufügen und 1 Minute weiter braten. Faschiertes mit reichlich Majoran, Salz und Pfeffer würzen. Die ausgedrückte Semmel, die inzwischen überkühlte Zwiebelmischung und das Ei hinzufügen. Alle Zutaten gut miteinander verkneten.

Eine Kasserolle fingerbreit mit Wasser füllen, geschnittenen Kohl hineingeben, salzen, pfeffern, mit Paprikapulver und Tomatenmark vermischen. Die Kohlblätter mit je 1–2 EL Fleischmasse belegen, die Enden einschlagen und zu Rouladen formen. Diese eng nebeneinander in die Kasserolle legen. Im vorgeheizten Backrohr bei 180 °C Ober- und Unterhitze 30–40 Minuten braten. Einen Löffel Rahm auf jedes Stück setzen und nochmals 10 Minuten ins Rohr geben.

für
Naschkatzen

★ ★ ★ Hobbykoch

TOPFENNOCKERL MIT MARILLEN-RÖSTER

4 Portionen

500 g Topfen
125 g Mehl
1 Ei und 1 Eidotter
30 g Butter, zimmerwarm
30 g Staubzucker
1 Prise Salz fürs Kochwasser

<u>für die Butterbrösel:</u>
2 EL Butter
6 EL Semmelbrösel

<u>für den Marillenröster:</u>
1 kg Marillen
200 ml Wasser
200 g Zucker
½ Bio-Zitrone (Schale)
3 Nelken

Marillen entkernen und halbieren, mit den restlichen Zutaten unter Rühren etwa 20 Minuten köcheln und danach abkühlen lassen.

Die Zutaten für die Nockerl vermischen. Sie müssen den Teig nicht rasten lassen, sondern können gleich mit zwei Esslöffeln Nockerl formen und auf ein Brett setzen. In einem Topf Salzwasser zum Kochen bringen und die Nockerl 10 Minuten im wallenden, nicht sprudelnden Wasser kochen.

In einer Pfanne die Butter zergehen lassen und die Brösel darin braun rösten.

Nockerl in den Bröseln schwenken, mit Staubzucker bestreuen und mit dem Marillenröster servieren.

★ ★ ☆ Anfänger

HERRLICH FEINER APFELKUCHEN

10–12 Portionen

125 g gesalzene Butter, zimmerwarm
125 g Staubzucker
3 Eier
1 Vanilleschote oder 1 Pck. Vanillezucker
200 g Mehl
2 gestrichene TL Backpulver
50 ml Schlagobers
¾ kg säuerliche Äpfel
1 Bio-Zitrone

<u>für den Guss:</u>
125 ml Crème fraîche
50 ml Schlagobers
60 g Staubzucker
1 Ei und 1 Eidotter
Schale der Bio-Zitrone

2 EL Mandelblättchen
1 TL Butter

Butter mit Zucker schaumig rühren, nacheinander die Eier und das Vanillemark unterrühren. Mehl mit Backpulver vermischen und abwechselnd mit dem Schlagobers unter den Teig rühren.

Die Schale der Zitrone abreiben und den Saft auspressen. Die Äpfel vierteln, entkernen und schälen. Jedes Viertel auf der Außenseite mehrfach der Länge nach ein-, aber nicht durchschneiden. Die Äpfel mit Zitronensaft beträufeln, damit sie nicht braun werden.

Den Boden einer Springform (24 cm) mit Backpapier belegen, den Rand mit Butter einfetten. Teig in die Form füllen und glattstreichen. Die Äpfel mit der eingeschnittenen Seite nach oben kreisförmig möglichst dicht auf den Teig setzen. 15 Minuten im vorgeheizten Backrohr bei 180 °C Ober- und Unterhitze backen.

Créme fraîche, Obers, Zucker, Ei und Dotter sowie den Abrieb der Zitronenschale glattrühren. Die Masse auf den Kuchen gießen und weitere 40–45 Minuten backen, bis dieser goldgelb ist.

Die Mandelblättchen in etwas Butter vorsichtig goldbraun rösten und auf den fertigen Kuchen streuen. Auskühlen lassen und mit Staubzucker servieren.

Diesen feinen Obstkuchen können Sie mit allerlei (günstigen) Obstsorten der Saison zubereiten. Zwetschken, Birnen, Pfirsiche oder Marillen – Ihrer Phantasie sind keine Grenzen gesetzt. Selbstverständlich können Sie auch verschiedene Früchte bzw. Reste verwenden. Erlaubt ist, was gefällt. Vor allem aber, was (Ihnen) schmeckt!

★ ☆ ☆ Laie

KNUSPERMÜSLI

50 g Rapsöl
350 g Haferflocken
100 g Sonnenblumenkerne
100 g Honig

außerdem:
3 EL Kürbiskerne, gehackt
3 EL Leinsamen, geschrotet

In einer großen Pfanne den Honig bei niedriger Hitze im Öl schmelzen. Haferflocken und alle weiteren Samen, Kerne bzw. Nüsse hinzufügen und gut vermischen. Vorsichtig anbraten, bis die Masse etwas Farbe nimmt.

Zwei Bleche mit Backpapier auslegen und die Haferflocken-Masse gleichmäßig darauf verteilen. Im vorgeheizten Backrohr 10 Minuten bei 180 °C Umluft backen. Auf 130 °C zurückschalten und nochmals 6–10 Minuten trocknen lassen.

Kontrollieren Sie laufend die Farbe (diese sollte goldbraun sein) und nehmen Sie das Müsli rechtzeitig aus dem Rohr, sodass es nicht anbrennt. Die Masse auskühlen lassen und mit einem Löffel auflockern. Erst wenn sie kalt und nicht mehr klebrig ist, in Gläser abfüllen.

So ein Knuspermüsli oder Granola ist ein nettes Mitbringsel oder Geschenk. Sogar kleinere Kinder können dies selbst zubereiten und ihre persönliche Mischung zusammenstellen.

★ ★ ☆ Anfänger

SOMMERLICHER OBSTSTREUSEL-KUCHEN

200 g Butter, zimmerwarm
150 g Staubzucker
250 g Mehl
70 g Haferflocken
80 g Walnüsse, gerieben
2 Eier
2 gestrichene TL Backpulver
½ bis ¾ kg Obst
Butter und Mehl für die Form

Eine Auflaufform oder Kasserolle (etwa in der Größe eines A4-Blattes) mit Butter einfetten und bemehlen.

Butter mit Staubzucker schaumig rühren. Mehl, Haferflocken und Nüsse dazugeben und gut verrühren. Etwa ⅓ des Teiges für die Streusel zur Seite geben. In den Rest des Teiges nach und nach die Eier geben und das Backpulver unterrühren.

Den Teig in die Form geben und zugeputzte Früchte darauf verteilen. Für den Kuchen auf dem Foto habe ich Heidelbeeren, Himbeeren und Kirschen verwendet. Je nach Saison können Sie Marillen, Pfirsiche, Zwetschken, Äpfel oder Birnen nehmen bzw. was Sie gerade übrighaben oder im Garten finden.

Den zur Seite gestellten Teig über die Früchte bröseln. Im vorgeheizten Backrohr bei 180 °C Ober- und Unterhitze 40–50 Minuten backen.

Wo man sparen kann

Selbst gekocht ist nicht nur besser, sondern fast immer günstiger. Fertigprodukte sind teuer, enthalten viele (unnötige) Inhaltsstoffe, zumeist zu viel Salz und Zucker. Wann immer ich kann, verzichte ich darauf.

Sogar für einfache Speisen wie Müsli oder Porridge werden heutzutage schon Fertigmischungen angeboten – zu recht knackigen Preisen. Dabei braucht man nur Haferflocken, ein paar Nüsse und nach Wunsch Trockenfrüchte – schon hat man alle Zutaten zur Hand. Selbst ein Knuspermüsli ist schnell gemacht (Seite 66) – und man hat das gute Gefühl zu wissen, was man isst.

Mindestens haltbar bis …

… heißt nicht: giftig ab. Leider werden immer noch viel zu viele Lebensmittel weggeworfen. Manchmal nur, weil das Haltbarkeitsdatum überschritten ist.

Ich bin da ganz pragmatisch: Bevor ich etwas weggebe, mache ich eine Geruchs- und dann eine Kostprobe. Gerade Milchprodukte oder Speck und Dauerwürste haben Ablaufdaten, die in erster Linie die Hersteller vor Reklamationen schützen sollen. Insbesondere, wenn die Kühlkette nicht lang unterbrochen war, sind viele Lebensmittel oft Wochen länger haltbar.

Bei Obst und Gemüse sagen Auge und Nase, was noch verwendbar ist. Für eine Suppe, Kompott oder einen Smoothie müssen die Zutaten ja nicht optisch makellos sein, es zählt der Geschmack.

Wo man nicht sparen sollte

Zugegeben, es gibt einige Zutaten, bei denen ich nur ungern Kompromisse mache. Da spare ich lieber bei der Menge als bei der Qualität.

Öle und Butter sind wesentliche Geschmacksträger, die ich nur in bester (Bio-)Qualität verwenden mag. Wenn Sie beim Anbraten von Fleisch oder Gemüse weniger verwenden, aber zur Geschmacksverfeinerung vor dem Anrichten noch einmal ein gutes Olivenöl oder einen Knopf Butter unterrühren, haben Sie schon gespart.

Parmesan kaufe ich lieber im Ganzen und reibe ihn frisch. Die Rinde koche ich bei einer Minestrone oder bei einer Pastasauce mit, so wird der kostbare Käse bis zum letzten Rest verwendet.

Bei Fleisch- und Wurstwaren bin ich sparsam: Ich kaufe lieber nicht so oft, aber wenn, dann in guter Qualität aus regionaler bzw. vertrauenswürdiger Herkunft und/oder bio. Außerdem müssen es nicht immer teure Edelteile (Rücken, Filet usw.) sein. Vor allem günstigere Fleischteile, auch Innereien, sind wahre Delikatessen, wenn man sie nur richtig zubereitet.

Selbstgemachte Desserts und Kuchen sind wirklich günstig im Vergleich zum Einkauf beim Bäcker oder Konditor. Ein Geheimtipp für feinen Geschmack ist der Staubzucker. Er löst sich beim Backen (im privaten Haushalt) viel schneller auf und der Teig bekommt eine zarte Konsistenz. Und ja, der alte Werbespruch „Butter kann durch nichts ersetzt werden" – beim Backen ist er besonders zutreffend. Man schmeckt den Unterschied.

Zitronen kaufe ich nur in Bio-Qualität, damit ich sowohl Saft als auch Schale verwenden kann. Nach dem Auspressen kommen die Zitronen in den Geschirrspüler und sorgen so für ein gutes Spülergebnis und einen angenehmen Geruch.

REZEPTE